Apprendre à lire et à écrire à partir de l'album

LFC*
Lycée Français de Chicago
*The French International School

Dans la même collection :

par Brigitte Plas
VIENS JOUER AVEC MOI, PETITE SOURIS *de Robert Kraus, José Aruego et Ariane Dewey*
TOUTOU DIT TOUT *de Claude Boujon*
LE MAGICIEN DES COULEURS *d'Arnold Lobel*

par Hervé Puydebois
LES TROIS BRIGANDS *de Tomi Ungerer*
LÉO *de Robert Kraus et José Aruego*

par Dominique Piveteaud
LOULOU *de Grégoire Solotareff*
JEAN-LOUP *d'Antoon Krings*

par Roberte Salerno et Véronique Rousseau
LA PETITE POULE ROUSSE *de Byron Barton*
L'ANNIVERSAIRE DE MONSIEUR GUILLAUME *d'Anaïs Vaugelade*

© 1998, l'École, Paris
Réf. Loi du 11.03.1957
Dépôt légal : avril 2002
N° d'éditeur : 4221
Imprimé en France par Pollina, 85400 Luçon - n° 86466

Dominique Piveteaud
IMF/IUFM Paris

Apprendre à lire et à écrire à partir de l'album

John Chatterton détective

et

Lilas

d'Yvan Pommaux
(l'école des loisirs)

l'École
11, rue de Sèvres, Paris 6e

APPRENDRE À LIRE DANS LES ALBUMS : POURQUOI ?

L'album de littérature enfantine n'est pas totalement étranger pour l'enfant qui entre dans l'apprentissage de la lecture.

Il a pu le rencontrer à l'école maternelle en le manipulant librement ou en écoutant les histoires qu'il contient, lues par l'enseignant.

Il appartient donc à son environnement scolaire et culturel proche.

Avant même de savoir lire au sens technique du terme, il sait que le livre est un lieu d'exploration, d'aventure, d'émotions avec lequel il est possible d'entretenir une relation personnelle.

Le conte qui explore les mythes fondateurs, les comptines et la poésie qui entraînent dans l'imaginaire et permettent les jeux sur la langue, l'album qui invite à rencontrer l'imaginaire d'un auteur et/ou d'un illustrateur et incite à se retrouver dans l'histoire qu'il raconte sont des lieux par lesquels les enfants vont s'approprier une culture littéraire.

L'enfant qui arrive au CP sait lire au sens où il est capable de tirer de l'objet littéraire (conte lu par l'enseignant, album ou bande dessinée feuilleté par lui-même) suffisamment d'informations, d'indices significatifs pour qu'il ait du sens et que la relation objet/lecteur soit possible.

Il lui reste à confirmer ou infirmer par la maîtrise du code toutes les hypothèses qu'il a jugées jusque-là satisfaisantes.

Ce point de vue permet d'envisager de conduire les apprentissages liés à la maîtrise de la lecture à partir des objets littéraires, dont l'album, qui font partie de son environnement culturel.

Un risque subsiste cependant : celui de ne considérer l'album que comme un support plus *moderne*, moins figé que le manuel de lecture.

L'album, s'il est bien choisi, est certes un objet plus convivial, plus dynamique qu'un manuel de lecture souvent construit en fonction d'une progression dans la découverte des correspondances graphie/phonie, mais il est avant tout un objet social inscrit dans une dimension culturelle et littéraire.

L'exploration de l'album devra porter à la fois sur la recherche et la validation d'indices textuels, linguistiques, orthographiques et sur la recherche des filiations et appartenances aux genres littéraires.

Produire du sens, maîtriser le code certes, mais les apprentissages devront porter également sur l'exploration de la structure du récit, la relation illustrations/texte, le style d'écriture, la thématique…

Nous proposons ici une démarche d'exploration d'albums fondée sur ces objectifs auxquels il faut ajouter l'incitation au plaisir de lire et l'appétence à la consommation d'objets littéraires.

Cette démarche a été expérimentée en classe de CP.

Le futur utilisateur l'adaptera, la transformera en fonction de ses objectifs pédagogiques. Elle a été conçue de manière non exhaustive pour être utilisée de manière ouverte.

Les deux albums, *John Chatterton* et *Lilas* d'Yvan Pommaux, peuvent être proposés au troisième trimestre (avril). Ces deux ouvrages offrent la possibilité d'explorer le genre policier. La production d'écrit trouvera une place très importante dans la démarche d'exploration. L'enseignant pourra proposer ces deux albums à sa convenance (l'un après l'autre suivant la même démarche, le second à disposition des élèves pour une consultation autonome).

Pour faciliter la mise en œuvre de cette démarche, l'auteur et l'éditeur autorisent la reproduction des fiches de travail.

D'autres albums peuvent être proposés en parallèle en suivant la même démarche.

De même que tous les écrits sociaux doivent être explorés (écrits utilitaires, documentaires, correspondances...).

JOHN CHATTERTON DÉTECTIVE
d'Yvan Pommaux, l'école des loisirs

. John Chatterton attend le client dans son bureau en lisant le journal. L'enquête qu'il devra mener le conduira sur les traces d'une petite fille tout de rouge vêtue, d'une grand-mère partie en voyage et d'un affreux loup dont les intentions sont loin d'être louables. Tout nous rappelle le célèbre conte *Le Petit Chaperon Rouge* ; John lui-même y pense...

Cet album proposé sous forme de bande dessinée fait de nombreuses références au genre policier américain (silhouette du détective, petit rat joueur de jazz, couleurs du décor, grosse voiture...).

Cette mise en page où le texte prend une place minime par rapport au dessin permet d'entrer dans l'album un peu comme dans un film. L'ouvrage offre de nombreuses situations de jeux (utilisation des dialogues comme au théâtre ou au cinéma) et de production d'écrits qui permettront aux enfants en réinvestissant leurs compétences et leurs savoirs d'analyser la structure du récit, de dégager les spécificités du genre policier, de mettre en relation le conte et le récit à énigme.

La structure de l'album se présente ainsi :

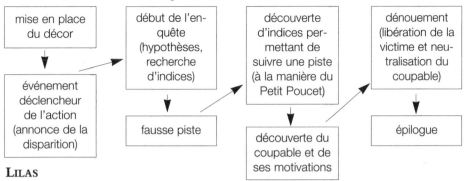

LILAS

d'Yvan Pommaux, l'école des loisirs

Cet album est présenté comme une deuxième enquête de John Chatterton. La première est rappelée en seconde de couverture.

L'histoire commence exactement comme le conte *Blanche-Neige* à la manière d'un scénario cinématographique. Les personnages sont présentés d'entrée. Le lecteur fait immédiatement connaissance avec le protagoniste de l'acte délictueux, contrairement à la première enquête où l'identité du coupable est suggérée par la ressemblance des événements avec le conte.

Dans ce récit, John sera utilisé par le coupable lui-même qui lui demande de rechercher sa future victime. Le détective devra conduire son enquête pour déjouer les plans de la belle-mère.

Le déroulement de l'enquête (hypothèses, indices, fausse piste…), le rapprochement avec le conte sont autant d'occasions de mettre en scène certaines situations, de produire des textes (imaginer des alternatives, définir le portrait de tel ou tel personnage, anticiper sur une action non connue par le lecteur…).

La structure narrative :

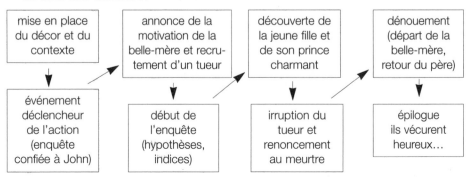

DESCRIPTION GÉNÉRALE DE LA DÉMARCHE

À propos de JOHN CHATTERTON DÉTECTIVE et LILAS

Nous préconisons l'exploration de *John Chatterton détective* au début du troisième trimestre (avril). En effet, ce texte présente des caractéristiques intéressantes à étudier lorsque les enfants ont acquis les compétences nécessaires à une production de textes régulière et relativement dense, des capacités à l'analyse du récit en lui-même et par la mise en relation avec les genres déjà visités.

La démarche proposée ici devra prendre en considération la diversité des supports textuels explorés jusque-là et le niveau des acquisitions des élèves à cette époque de l'année.

Les enfants auront lu plusieurs albums et divers types d'écrits (journaux, lettres, écrits utilitaires). Ils auront également été amenés à produire du texte régulièrement en fonction de consignes diverses et auront acquis de ce fait des compétences notoires dans ce domaine. La diversité des écrits rencontrés, la manipulation et le travail d'analyse conduits sur ceux-ci doivent permettre aux enfants de poursuivre leur démarche d'élaboration d'outils et de maîtrise de la langue écrite.

Les enfants ont acquis, dans leur majorité, un niveau de lecture leur permettant d'aborder des textes plus complexes par leur densité et leur appartenance littéraire. Le temps consacré au travail mené sur les albums *John Chatterton détective* et *Lilas* sera relativement court afin de permettre le contact et la mise en relation avec d'autres ouvrages appartenant au genre policier (albums ou récits courts).

Les différences de niveaux de lecture entre les élèves rendront nécessaire la pratique d'une pédagogie différenciée. Si les supports de lecture demeureront les mêmes pour tous, les propositions d'approche et les supports d'exploitation devront être adaptés en fonction des acquis des élèves.

L'album *Lilas* pourra faire l'objet d'une exploitation similaire à celle utilisée pour *John Chatterton détective*. Il sera intéressant de montrer de quelle manière le personnage du détective est présenté comme le héros d'une série. Le lien avec des personnages télévisuels ou de bandes dessinées permettra d'explorer d'autres supports d'écrits (programmes TV, cassettes vidéo, journaux enfantins...).

L'enseignant pourra choisir de traiter ce second album de manière plus superficielle en proposant aux enfants des activités de lecture visant à l'identification claire du genre littéraire auquel appartient l'album et à la reconnaissance des critères propres au genre.

Le rapprochement avec la structure du conte est inévitable, ces deux albums faisant référence à plusieurs d'entre eux (*Le Petit Chaperon Rouge, Blanche-Neige, Le Petit Poucet*).

D'autres albums de l'auteur seront proposés aux enfants (*Corbelle et Corbillo, Une nuit, un chat*). Ce dernier (*Une nuit, un chat*) présente quelques similitudes avec *John Chatterton détective* et *Lilas* (personnages des chats, intention malveillante, qualité du dessin, mise en page).

LES SÉANCES DE LECTURE

Avant de commencer l'exploration du texte de l'album, il conviendra d'organiser la prise de contact avec l'objet. La première page avec le nom de l'auteur, celui de l'éditeur, la quatrième de couverture et la page de garde devront permettre l'identification du type auquel appartient cet objet.

L'entrée dans l'histoire pourra se faire grâce à un parcours du livre où les enfants pourront formuler les premières hypothèses quant au contenu de l'histoire.

Les séances de découverte du texte permettront aux élèves de relever tous les indices sur lesquels ils s'appuieront pour construire du sens. Ces séances feront appel aux savoirs élaborés et aux compétences acquises antérieurement (reconnaissance de mots connus ou de fragments à l'intérieur de mots inconnus, utilisation de la combinatoire, recherche dans les supports de références comme les affichages, les documents personnels…).

LES AIDES À LA LECTURE

Les séances dites de consolidation ne sont pas présentées de manière exhaustive dans cet ouvrage. Leur mise en place est à concevoir par l'enseignant en fonction de ses objectifs. Les fiches d'exercices proposées peuvent aider à les préparer.

Ces activités liées au vocabulaire de l'album auront comme objectifs d'entraîner les enfants à anticiper (textes à trous, choix entre deux mots ou plus, reconstitution de phrases, reconstitution de textes), à identifier rapidement des mots (repérage rapide dans des listes, phrases aux mots liés), à la lecture rapide, à la lecture oralisée.

LES OUTILS DE RÉFÉRENCE

Chaque enseignant adoptera la *caisse à outils* de ses élèves qu'il jugera la plus opératoire.

Les outils présents dans la classe où a été mise en œuvre la démarche présentée ici étaient répartis en deux catégories :

- **les outils collectifs :**
  - les textes reproduits pour les séances de découverte puis affichés pour servir de point d'appui aux recherches ;
  - les tableaux récapitulatifs de correspondance phonie/graphie ;
  - les écrits concernant la vie de la classe (calendriers, tableaux divers) ;
- **les outils individuels :**
  - l'album ;
  - le cahier dit *de tous les jours ;*
  - un fichier de mots remplacé par un répertoire lorsque le corpus de mots ne permettait plus une recherche rapide et efficace. Le classement des mots passera d'une disposition aléatoire (au fur et mesure qu'ils se présentent) à une disposition alphabétique (lettre initiale).

Les enfants sont en possession de l'album et celui-ci voyage entre l'école et la maison. De ce fait les enfants sont susceptibles de connaître l'histoire, qu'ils se soient simplement contentés de la survoler en feuilletant le livre ou qu'ils soient entrés dans le texte en se le faisant lire.

Ceci ne constitue pas une gêne au travail de lecture mené en classe, au contraire. En effet, les enfants n'étant pas lecteurs autonomes du livre, les séances de lecture leur permettront de vérifier leurs hypothèses et de se construire peu à peu leur propre réalité du texte. Le travail consistera à faire coïncider un sens avec un code. Cette appropriation de l'écrit les conduira vers un statut de lecteur autonome et leur permettra de mesurer l'ampleur de ce pouvoir ainsi conquis.

PRODUCTION DE TEXTE

La production d'écrit représente une part très importante de la démarche.

Nous nous référons aux travaux de J. Fijalkow dans lesquels celui-ci montre pourquoi il ne faut pas attendre que les enfants sachent lire pour les faire écrire, ni de les faire écrire avant qu'ils sachent lire. Il s'agit plutôt de définir un nouveau rapport entre ces deux activités que sont la lecture et l'écriture pris ici au sens de production d'écrit.

L'écriture est un outil d'analyse de la langue et la lecture la source des connaissances qui l'alimente. L'écriture permet la construction de connaissances spécifiques de l'écrit, orthographiques d'abord, puis lexicales et syntaxiques.

Dans cette démarche d'apprentissage de la lecture par l'album, les séances de production commencent dès le début. Les consignes sont adaptées en fonction du corpus de mots connu par les enfants et de leurs compétences. Le support de ces premières séances est constitué d'étiquettes que les enfants manipulent pour constituer des phrases.

Peu à peu la manipulation d'étiquettes sera remplacée par l'écriture. *La production de texte autour de* John Chatterton détective *et* Lilas *ne se fera pas à partir d'étiquettes sauf situation particulière où un mot proposé sous forme d'étiquette est le déclencheur de l'activité de production. L'écriture se fera directement avec stylo et feuille de papier.*

Cette pratique permet le réinvestissement des connaissances construites pendant les séquences de lecture et favorise l'utilisation de la combinatoire lorsque les mots sont inconnus et que l'enseignant incite les enfants à mobiliser leurs savoirs.

Elle permet également de poursuivre l'exploration de la structure syntaxique et de travailler la cohérence sémantique d'une phrase ou d'un texte.

L'écriture, au sens de production d'écrit, est comme la lecture un acte individuel qui se nourrit dans la confrontation avec le travail des autres.

Dès lors que les étiquettes laisseront place au stylo, la production deviendra exclusivement individuelle.

La socialisation des écrits par une lecture oralisée et leur réunion dans un recueil de textes permettra, outre le pillage, l'inspiration, la relance de l'écriture, les retours sur la cohérence sémantique et syntaxique, de distinguer les styles personnels et d'évaluer les compétences et les savoirs que chacun mobilise pour produire du texte.

Des séquences sont proposées dans la suite de la démarche.

ÉVALUATION

Nous ne proposons pas ici d'outils d'évaluation proprement dits. Ils sont laissés à l'initiative de l'enseignant. Quelques éditeurs et centres de documentation pédagogique proposent ce type d'outils. Certaines fiches d'exercices présentées dans cet ouvrage pourront aider à en concevoir.

L'évaluation devra être conçue en regard des objectifs nationaux et des objectifs visés par la démarche elle-même :

• Évaluation des savoirs liés à l'appropriation d'un corpus :
– mémorisation (nombre de mots, repérage dans et hors contexte, conservation…)
– utilisation de la combinatoire (lecture de mots non mémorisés)
• Évaluation des savoirs liés à l'appropriation de la structure orthographique (genre, nombre, déterminants…)

- Évaluation des savoirs liés à l'appropriation de la structure syntaxique (formulation de phrases, ponctuation, maîtrise de la tonalité du texte…)
- Évaluation des savoirs liés à l'appropriation de la structure du récit (restitution orale, restitution écrite, chronologie…)

Le travail de production donnera des indications sur l'évolution des acquisitions. En effet, cette activité menée fréquemment et régulièrement sera l'occasion pour les élèves de réinvestir les acquis et de développer de nouvelles compétences. L'enseignant adaptera ses exigences à mesure que les acquisitions se confirmeront.

PETITE BIBLIOGRAPHIE

Entrer dans l'écrit
J. Fijalkow, Magnard

Lire à l'école
E. Charmeux, CEDIC (épuisé)

Apprendre à lire
2 cycles pour commencer
E. Charmeux, SEDRAP

Former des enfants lecteurs de textes
Former des enfants producteurs de textes
Groupe de recherche d'Ecouen, J. Jolibert, Hachette Écoles

Comment les enfants entrent dans la culture écrite
J. Bernardin, Retz

Écrire et lire à l'école maternelle
P. Lassalas et R. Chaumin, l'École

La Grammaire de l'imagination
Gianni Rodari, Rue du Monde

Catalogue orthographique pour l'école élémentaire
Jacques Bonnet, Paul Guibert, Thérèse Gastineau, L'École

JOHN CHATTERTON DÉTECTIVE

Le tableau ci-dessous récapitule les éléments importants de la démarche. Il est à utiliser à titre indicatif et chacun doit l'adapter en fonction de l'environnement dans lequel il mettra ce travail en œuvre.

module	nombre de séquences	nombre de fiches proposées	production de texte
1	1	0	oui
2	1	0	oui
3	2	2	non
4	2	2	non
5	2	2	oui
6	1	1	non
7	2	2	oui
8	3	3	oui
9	2	2	oui

Le nombre de séquences indiqué correspond uniquement au travail de découverte et d'exploration du texte. Il ne concerne donc pas les séances de production de texte ni les séquences d'accompagnement que l'enseignant conduira parallèlement au travail de lecture (écriture par exemple).

MODULE 1 (couverture, pages 1 et 2)

 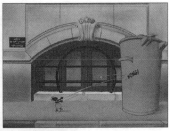

OBJECTIFS DU MODULE

- **Appréhender un nouveau type d'écrit** (album s'approchant de la bande dessinée)
- **Appréhender un nouveau genre littéraire** (policier)
- **Poursuivre l'élaboration de référents culturels**
- **Découvrir un nouveau texte en exerçant ses compétences de lecteur débutant** (reconnaissance des mots, utilisation de la combinatoire) **pour produire du sens**
- **Identifier l'objet et sa fonction :**

C'est un album qui raconte une histoire.

Ce n'est ni un journal, ni une revue, ni un livre documentaire...

- **Émettre des hypothèses quant au contenu de l'histoire**
- **Réinvestissement du vocabulaire acquis :**

– *album, couverture, tranche du livre, nom de l'auteur, éditeur, illustrations...*

- **Relever des indices textuels :**

Lecture de la couverture : *le nom de l'auteur (origine, prononciation)* ; présence de dialogues ; nombre de pages...

1 séquence pendant laquelle les enfants doivent manipuler le livre.
- **Annonce du projet** (lecture d'un nouvel album)
- **Balayage de l'objet**
- **Découverte de la couverture** (titre, nom de l'auteur)
- **Découverte des pages 1 et 2:**
  - Interroger l'illustration
  - Lecture des quelques écrits «plantant le décor»
- **Échanges autour de la notion de *détective***

Matériel

Un nombre suffisant d'albums afin de permettre une manipulation aisée. L'idéal serait un par enfant.

PRODUCTION DE TEXTE

Les élèves ont découvert l'album (couverture et 2 premières pages) en interrogeant les illustrations et les écrits qui y sont insérés. Ils ont été amenés à définir les termes de *détective, enquête, filature, indices*. Les caractéristiques du personnages ont été formulées oralement (description physique, profession, lieu d'exercice, outils professionnels: loupe). Les élèves ont pu faire référence à des personnages de fiction connus, essentiellement des héros de feuilletons télévisés ou de dessins animés (Basil détective, Mac Gyver…).

Objectifs:
- Entrer dans l'album en définissant les traits caractéristiques du personnage et du genre littéraire auquel appartient l'album.
- Exercer ses compétences de lecteur débutant en réinvestissant ses acquis (mots connus + combinatoire + appréhension du système orthographique).

Consigne d'écriture:

Faire le portrait de John Chatterton, c'est-à-dire écrire tout ce que l'on sait de lui.

1. Reformulation orale des « trouvailles » et des hypothèses émises lors de la séance de découverte de l'album (Qui est John Chatterton ? Où travaille-t-il ? En quoi consiste son travail ? Quelles sont les occasions de faire appel à un détective ?...).
2. Quelques mots peuvent être écrits au tableau (numérotés pour en faciliter l'accès).
3. Rappel de la possibilité d'utiliser les référents individuels et collectifs.
4. Écriture individuelle.
   L'enseignant est à disposition pour apporter une aide, relancer l'écriture par une socialisation ponctuelle de certains écrits en cours.
5. Socialisation des écrits qui peuvent l'être (lisibilité, état d'avancement).

Les textes seront retranscrits et mis en page. Ils seront placés dans l'album de lecture et feront l'objet d'une séance de lecture oralisée.

MODULE 2

Ce module ne fait pas l'objet d'une séquence de lecture proprement dite, le texte figurant sur l'illustration pouvant être lu rapidement par l'ensemble des élèves.
Cette page est le support à une séance de production de texte.

PRODUCTION DE TEXTE

OBJECTIFS :

- Définir les caractéristiques du personnages et du genre littéraire auquel appartient l'album.
- Poursuivre l'élaboration de référents culturels.
- Exercer ses compétences de lecteur débutant en réinvestissant ses acquis (mots connus, combinatoire, accès au système orthographique).

CONSIGNE D'ÉCRITURE :

Décrire la situation et imaginer ce qui va se passer (Qui est le personnage qui sonne à la porte ? Pourquoi vient-il voir le détective ?...).

DISPOSITIF PROPOSÉ :

1. Reformulation du contexte (personnage, lieu).
2. Découverte de la page 3 (lecture de l'illustration et des textes insérés).
3. Formulations orales d'hypothèses sur l'action qui se met en route.
4. Collecte de mots (– de 10) susceptibles d'être utilisés et de poser des difficultés de transcription et listage au tableau.
5. Écriture individuelle.
6. Socialisation des écrits qui peuvent l'être (lisibilité, état d'avancement).

Les textes seront retranscrits et mis en page. Ils seront placés dans l'album de lecture et feront l'objet d'une séance de lecture oralisée.

MODULE 3

La dame: Monsieur Chatterton, c'est affreux!.. Ma fille a disparu!!.

John: Asseyez-vous, Madame, et racontez-moi tout!

La dame: J'ai téléphoné chez ses amies: elle ne s'y trouve pas! J'ai téléphoné chez sa grand-mère: ça ne répond pas!

John: Où habite cette grand-mère?

La dame: 12, rue Vieille!

John: Bien! Et vous?

La dame: 21, rue Neuve!

John: Comment votre fille était-elle habillée, la dernière fois que vous l'avez vue?

La dame: ROUGE!.. Tout en rouge! Sandales rouges, socquettes rouges, pantalon rouge, chemise rouge, nœud rouge dans les cheveux! Retrouvez-la, je vous en prie!

John: Je la retrouverai, Madame!

La dame: Faites-vite! Je suis folle d'inquiétude!

OBJECTIFS DU MODULE

- **Exercer ses compétences de lecteur débutant en réinvestissant ses acquis** (mots connus, combinatoire, accès au système orthographique)

NOMBRE ET CONTENU DES SÉQUENCES

2 séquences

1re séquence :

1. Reformulation du contexte narratif.
2. Découverte des illustrations.
3. Découverte du texte :

- Individuelle (texte dactylographié comme ci-dessus)
- Échanges et confrontation par groupes
- Mise en commun (collectif)
4. Oralisation du texte (lecture).

Séquence suivante :
- relecture du texte (à plusieurs voix)
- théâtralisation du texte

FICHES

voir pages 40 et 41

MODULE 4

Une disparition... Une fille en rouge...
Une grand-mère... Ça me rappelle cette sombre histoire où la fille et la grand-mère sont mangées par le loup...
À moins...
À moins, si mes souvenirs sont bons, qu'un chasseur ne les sauve.
Fonçons rue Vieille !

OBJECTIFS DU MODULE

- **Exercer ses compétences de lecteur débutant en réinvestissant ses acquis** (mots connus, combinatoire, accès au système orthographique)

NOMBRE ET CONTENU DES SÉQUENCES

2 séquences

1re séquence :

1. Reformulation du fil narratif.
2. Découverte des illustrations.
3. Découverte du texte :
- Individuelle (sur un texte dactylographié)
- Échanges et confrontation par groupes
- Mise en commun (collectif)
4. Oralisation du texte (lecture).

Séquence suivante :

- lecture individuelle et silencieuse
- lecture oralisée
- théâtralisation

FICHES

voir pages 42 et 43

MODULE 5

Personne!

– Inutile de sonner, Chat! Je suis du quartier et je
connais la vieille dame qui habite ici: elle est partie en
voyage organisé dans les îles Crocodiles!
– Merci du renseignement, Raton!

Fausse piste!..
Il faut chercher ailleurs.

Admettons que la jeune fille en rouge, ignorant que sa grand-mère est absente, ait voulu lui rendre visite: elle a dû, pour cela, traverser le square…
Allons voir! Peut-être trouverai-je un indice!

OBJECTIFS DU MODULE

- **Exercer ses compétences de lecteur débutant en réinvestissant ses acquis** (mots connus, combinatoire, accès au système orthographique).

NOMBRE ET CONTENU DES SÉQUENCES

2 séquences

1re séquence:

1. Reformulation du contexte narratif.
2. Découverte des illustrations.
3. Découverte du texte:

- Individuelle (sur un texte dactylographié)
- Échanges et confrontation par groupes
- Mise en commun (collectif)
4. Oralisation du texte (lecture)

Séquence suivante :
- lecture individuelle et silencieuse
- lecture oralisée
- théâtralisation

FICHES

voir pages 44 et 45

PRODUCTION DE TEXTE

John Chatterton a commencé son enquête. Il s'est engagé sur une fausse piste : la grand-mère partie en voyage. L'hypothèse d'une disparition plus mystérieuse et peut-être source de danger semble se confirmer. John décide de parcourir le chemin qu'aurait emprunté la petite fille pour se rendre chez sa grand-mère. Il pense pouvoir trouver des indices dans le square.
Le texte a été exploré dans ses moindres recoins, joué à plusieurs reprises. Les notions d'enquête, de filature, d'indices, d'hypothèses ont été abordées. Les enfants vont devoir se mettre dans la peau du détective et imaginer ce qu'il va découvrir dans le square.

OBJECTIFS :
- S'approprier les éléments constitutifs de la structure du récit à énigme.
- Poursuivre l'élaboration de référents culturels.
- Exercer ses compétences de lecteur débutant en réinvestissant ses acquis (mots connus, combinatoire, accès au système orthographique).

CONSIGNE D'ÉCRITURE :
Imaginer les indices que John va trouver dans le square et en dresser la liste. Préciser en quoi ces éléments sont des indices confirmant le passage de la jeune fille dans le square.

1. Reformulation du contexte (personnage, lieu).
2. Relecture du texte précédent.
3. Formulations orales d'hypothèses quant aux indices éventuels à découvrir.
4. Collecte de mots (– de 10) susceptibles d'être utilisés et de poser des difficultés de transcription et listage au tableau.
5. Écriture individuelle.

L'enseignant est à disposition pour apporter une aide, relancer l'écriture par une socialisation ponctuelle de certains écrits en cours.

L'exigence de l'enseignant portera de plus en plus sur la fidélité orthographique des mots copiés dans les supports de référence et la validation de la transcription des graphies connues dans les mots inconnus.

Les niveaux de lecture étant divers, l'enseignant adaptera son aide et ses exigences en fonction des difficultés des élèves dans l'activité de production (longueur des textes, aide à la recherche dans les référents...) et pourra proposer le recours à la dictée à l'adulte afin que l'enfant qui sait ce qu'il veut écrire mais n'en a plus le temps soit en mesure de socialiser un texte provisoirement abouti.

6. Socialisation des écrits qui peuvent l'être (lisibilité, état d'avancement).

Les textes seront retranscrits et mis en page. Ils seront placés dans l'album de lecture et feront l'objet d'une séance de lecture oralisée.

MODULE 6

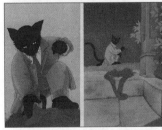

Mouchoir rouge, ruban rouge, ceinture rouge, sandale rouge…
Voilà qui ressemble à cette autre affaire célèbre où la victime semait, si ma mémoire est bonne, de petits cailloux blancs.

OBJECTIFS DU MODULE

- **Exercer ses compétences de lecteur débutant en réinvestissant ses acquis** (mots connus, combinatoire, accès au système orthographique)

NOMBRE ET CONTENU DES SÉQUENCES

1 séquence

1. Reformulation du contexte narratif.
2. Lecture du texte depuis le début (album) :
   – à plusieurs voix
   – en jouant le texte

3. Découverte des illustrations :
- confirmer les hypothèses (enlèvement, indices laissés par la petite fille pour aider celui qui la cherchera, lien avec le Petit Chaperon Rouge…)
4. Découverte du texte :
- Individuelle (texte dactylographié)
- Échanges et confrontation par groupes
- Mise en commun (collectif)
5. Oralisation du texte.

FICHE
voir page 46

MODULE 7

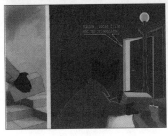 

– AH! AH!
– Madame, votre fille est prisonnière!
– Vous voulez une preuve? Bien!.. Écoutez!..
– Maman!

OBJECTIFS DU MODULE
- **Exercer ses compétences de lecteur débutant en réinvestissant ses acquis** (mots connus, combinatoire, accès au système orthographique)
- **Poursuivre l'exploration de la structure narrative**

NOMBRE ET CONTENU DES SÉQUENCES
2 séquences

1. Reformulation du contexte narratif.
2. Lecture du texte depuis le début (album):
– à plusieurs voix (en alternant les rôles)
– en jouant le texte
3. Découverte des illustrations.
4. Découverte du texte:
– Individuelle (texte dactylographié)
– Échanges et confrontation par groupes
– Mise en commun (collectif)
5. Oralisation du texte.

6. Analyse de la structure narrative :
- Confirmation des hypothèses
  - *le suspect est bien le loup*
  - *la petite fille a été enlevée par le loup*
- Échanges autour des notions de suspect, d'enlèvement, de rançon...
- Compréhension et appropriation de vocabulaire
  - *Que fait le loup ?*
  - *Dans quelle situation se trouve la petite fille ?*
  - *Que fait John pendant ce temps ?*
  - *Description du personnage du loup*

Ce moment peut faire l'objet d'un échange oral et d'une production écrite courte dans laquelle les enfants auraient à répondre sur l'ardoise ou sur une feuille à une ou plusieurs questions.

FICHES

voir pages 47 et 48

PRODUCTION DE TEXTE

À ce stade de l'histoire plusieurs questions se posent : Pourquoi le loup a-t-il enlevé la petite fille ? Quelles sont ses intentions ? Comment John va-t-il faire pour sortir la petite fille de cette situation ?

Les notions de rapt, d'enlèvement, de rançon, de ravisseur, de suspect ont été abordées avec les élèves. Ils vont pouvoir les réinvestir dans cette séance de production qui va leur permettre d'inventer leur propre version de l'histoire. Les références au conte du Petit Chaperon Rouge joueront, pour certains, un rôle dans l'élaboration du récit.

OBJECTIFS :
- S'approprier les éléments constitutifs de la structure du récit à énigme.
- Poursuivre l'élaboration de référents culturels.
- Exercer ses compétences de lecteur débutant en réinvestissant ses acquis (mots connus, combinatoire, accès au système orthographique).

Imaginer pourquoi le loup a enlevé la petite fille, ce qu'il a l'intention de faire...

DISPOSITIF PROPOSÉ :

1. Reformulation du contexte (personnage, lieu).
2. Relecture du texte précédent.
3. Formulations orales d'hypothèses quant aux motivations du loup :
   - rançon (de quel type ?)
   - autres (manger la petite fille, pression sur la mère, pourquoi ?...)
4. Collecte de mots (– de 10) susceptibles d'être utilisés et de poser des difficultés de transcription et listage au tableau.
5. Écriture individuelle.
6. Socialisation des écrits qui peuvent l'être (lisibilité, état d'avancement).

Les textes seront retranscrits et mis en page. Ils seront placés dans l'album de lecture et feront l'objet d'une séance de lecture oralisée.

MODULE 8

– Madame, vous possédez une œuvre d'art qui m'intéresse : « Le loup bleu sur fond blanc »...
Apportez-moi IMMÉDIATEMENT ce tableau.
J'habite au 7, rue du Square... Si vous n'êtes pas là dans un quart d'heure, JE DÉVORE votre fille !!

Hin ! Hin ! Hin ! Je suis le LOUP ! Le plus FORT, le plus MALIN des loups !
Non seulement je vais compléter ma collection de loups avec « Le loup bleu sur fond blanc », mais en plus, dès que j'aurai ce tableau, JE VOUS MANGERAI toutes crues, ta mère et toi...
Je ne ferai de vous qu'une bouchée !!
AH ! AH ! AH ! AH ! AH ! AH ! AH ! AH ! AH ! AH !
(CHOC !) Houps !!

OBJECTIFS DU MODULE

- **Exercer ses compétences de lecteur débutant en réinvestissant ses acquis** (mots connus, combinatoire, accès au système orthographique)
- **Poursuivre l'exploration de la structure narrative**

NOMBRE ET CONTENU DES SÉQUENCES

3 séquences

1. Reformulation du contexte narratif.

2. Lecture du texte depuis le début (album).

3. Découverte des illustrations.

4. Découverte du texte :

– Individuelle (texte dactylographié)

– Échanges et confrontation par groupes

– Mise en commun (collectif)

5. Oralisation du texte.

6. Analyse de la structure narrative :

– Confirmation des hypothèses

  – *la demande de rançon*

  – *l'intention du loup de manger la fille et sa mère*

– Échanges autour des notions d'art, tableau, sculpture, collection…

– Compréhension et appropriation de vocabulaire

  – *Qui est le loup ? (amateur d'art)*

  – *Dénouement probable ?*

  – *Que fait John pendant ce temps ?*

Ce moment peut faire l'objet d'un échange oral et d'une production écrite courte dans laquelle les enfants auraient à répondre sur l'ardoise ou sur une feuille à une ou plusieurs questions.

FICHES

voir pages 49 à 51

PRODUCTION DE TEXTE

Dans toute enquête policière, comprendre le mobile du délit ou du crime est un élément important. Pour y parvenir, les enquêteurs tentent de cerner la personnalité du suspect.

Pour que les élèves élaborent pour eux-mêmes cette notion de mobile et complètent leur compréhension de la structure spécifique au genre littéraire concerné, il paraît intéressant de les faire travailler sur l'élaboration d'un portrait du personnage du loup. Ce portrait portera d'une part sur les éléments apparents au travers du dessin (tenue vestimentaire, cadre de vie, collection d'œuvres d'art…), d'autre part sur les éléments non visibles de la personnalité (statut social, psychologie du personnage).

  – S'approprier les éléments constitutifs de la structure du récit à énigme.
  – Poursuivre l'élaboration de référents culturels.
  – Exercer ses compétences de lecteur débutant en réinvestissant ses acquis (mots connus, combinatoire, accès au système orthographique).

Consigne d'écriture : Faire le portrait du loup en décrivant ce que vous voyez et en imaginant quel genre de personnage il est.

Dispositif proposé :

1. Reformulation du contexte (personnage, lieu).
2. Relecture du texte précédent.
3. Formulations orales des idées :
  – tenue vestimentaire, cadre de vie (que peut-on en déduire ?)
  – Les œuvres d'art (combien, quel genre : sculpture, peinture, matériaux, valeur…)
4. Collecte de mots (– de 10) susceptibles d'être utilisés et de poser des difficultés de transcription et listage au tableau.
5. Écriture individuelle.
6. Socialisation des écrits qui peuvent l'être (lisibilité, état d'avancement).

Les textes seront retranscrits et mis en page. Ils seront placés dans l'album de lecture et feront l'objet d'une séance de lecture oralisée.

– Bonjour, Mademoiselle!
Je me présente: John
Chatterton, détective.
– Enchantée!
– Ma chérie!
– Maman!
– Monsieur Chatterton,
acceptez ce cadeau!

– Salut, Charlie!
– Salut, John!

OBJECTIFS DU MODULE
- **Exercer et affiner ses compétences de lecteur débutant en réinvestissant ses acquis** (mots connus, combinatoire, accès au système orthographique)
- **Poursuivre l'exploration de la structure narrative**

NOMBRE ET CONTENU DES SÉQUENCES
2 séquences

1. Reformulation du contexte narratif
2. Lecture du texte depuis le début (album)
3. Découverte des illustrations
4. Découverte du texte:
– Individuelle
– Échanges et confrontation par groupes

- Mise en commun (collectif)
4. Oralisation du texte.
5. Exploration de la structure narrative :
- le moment de l'histoire (dénouement, épilogue)
- les différents éléments du fil narratif (découpage de l'histoire en intitulant chaque moment clef)
- comparaison avec d'autres récits appartenant au même genre littéraire et repérage des constantes et des variables

FICHES

voir pages 52 et 53

PRODUCTION DE TEXTE

OBJECTIFS :
- Les mêmes que pour les modules précédents.

CONSIGNE D'ÉCRITURE :

Résumer la fin de l'histoire et écrire pourquoi John n'est pas ravi de recevoir ce tableau en compensation de ses efforts.
Dispositif proposé :
1. Reformulation du fil narratif.
2. Reformulation de la structure (les « épisodes ») :
- Le contexte (présentation du personnage et de son cadre)
- Le prétexte à l'action (annonce de la disparition)
- L'action (enquête)
- La fausse piste (la grand-mère)
- Les indices (Petit Poucet)
- L'identification du ravisseur
- Le dénouement (libération de la fillette)
- L'épilogue (le cadeau de la dame)
3. Collecte de mots (− de 10) susceptibles d'être utilisés et de poser des difficultés de transcription et listage au tableau.
4. Écriture individuelle.
5. Socialisation des écrits qui peuvent l'être (lisibilité, état d'avancement).
6. Socialisation ultime après retranscription des textes.

COMMENT ABORDER L'ÉTUDE DES SONS?

Les albums n'étant pas à priori des objets destinés à la pédagogie de la lecture, ils ne sont pas conçus dans l'objectif de proposer une progression dans l'apparition des sons.

Dans la démarche présentée ici, l'étude systématique des sons n'est pas proposée à priori, l'objectif principal étant d'interroger d'abord le sens du texte.

Néanmoins, cette étude est indispensable à une maîtrise parfaite de la langue et l'orthographe est un aspect essentiel à ne pas négliger dès lors que l'on confronte les élèves à l'écrit.

Dans cette perspective nous parlerons plutôt de correspondance entre graphie et phonie plutôt que d'étude de sons. En effet, les observations faites et formulées par les enfants conduiront à émettre des hypothèses parfois plus complexes que si nous nous situions dans une démarche empirique allant du plus simple au plus complexe.

De ce fait, nous ne commencerons pas nécessairement par les sons simples si l'album nous met en présence de manière fréquente avec des sons plus complexes. De même, les différentes graphies d'une même phonie peuvent être abordées simultanément si le contexte le permet.

Les séquences consacrées à l'étude de ces correspondances graphie/phonie devront toujours partir des observations des enfants. Elles devront également être conçues et proposées comme des outils supplémentaires pour accéder à la maîtrise de la lecture et de la langue d'une manière plus générale.

Des séances d'observation, de recherche individuelle ou en groupe permettront d'émettre des hypothèses, de tirer des conclusions. Elles pourront donner naissance à des affichages qui seront éventuellement complétés ultérieurement ou remis en cause par l'observation de mots ne correspondant pas aux critères de classement préalablement établis. Les notions de provisoire, de listes ouvertes... sont essentielles dans une démarche fondée sur l'apprentissage par l'observation, l'émission d'hypothèses, la confirmation ou l'infirmation de ces hypothèses, la confrontation des expériences.

À titre indicatif, voici quelques-unes des correspondances qui peuvent être abordées pendant le travail sur cet album.

[ʃ]
Chatterton, cheveux, chemise, chasseur, chat, bouchée, chercher

---

[sjɔ̃]
disparition, collection

---

[e]
détective, téléphoné, inquiétude…
entrez, asseyez, racontez, retrouvez…
habillée…
quartier, traverser…

[ö]
affreux, neuve, cheveux, preuve, heure…
nœud
monsieur

[ɛ̃]
inquiétude, indice, intéresse, malin

[jɛ̃]
bien

---

[j]
fille, ailleurs, cailloux, habillée…

[ɛj]
vieille

---

[f]
affreux, fille, folle, faîtes, fonçons, fausse…
téléphoné

Les sons [ɛ] (ai, ê, è, ei), [ã] (an, am, en, em), [ɔ] (o, au, eau) pourront également faire l'objet d'étude s'ils n'ont pas été abordés auparavant.

FICHES PHOTOCOPIABLES

Les fiches proposées sont utilisables telles quelles, partiellement ou dans leur intégralité. Elles sont données à titre incitatif et peuvent être remplacées par d'autres. Beaucoup de publications offrent des batteries d'exercices et l'enseignant peut bien sûr inventer ses propres exercices.

Mots mêlés. Retrouve et entoure les mots :

détective, enquête, filature, rouge,
socquettes, chemise, sombre, folle,
souvenirs

d	a	z	e	r	t	y	u	ê	i	o	p
é	q	s	o	u	v	e	n	i	r	s	e
t	s	d	f	g	h	j	k	l	m	ù	n
e	w	x	c	v	b	n	ê	a	z	e	q
c	r	t	f	i	l	a	t	u	r	e	u
t	y	u	i	o	p	q	s	d	f	g	ê
i	h	j	k	l	m	ù	ê	é	è	à	t
v	q	s	d	f	g	b	n	w	a	s	e
e	x	c	f	t	y	u	j	k	l	c	m
s	o	c	q	u	e	t	t	e	s	h	r
f	a	w	v	t	u	ê	à	ç	r	e	o
o	è	b	i	p	m	n	r	t	à	m	u
l	a	s	o	m	b	r	e	t	u	i	g
l	a	j	n	a	z	r	t	é	g	s	e
e	t	y	p	r	c	e	b	ê	h	e	k

Qui a disparu ?

☐ Le détective a disparu.

☐ La petite fille de la dame a disparu.

☐ La petite fille du détective a disparu.

À qui la dame a-t-elle téléphoné ?

☐ Elle a téléphoné aux amies et au papa de la petite fille.

☐ Elle a téléphoné aux amies et au grand-père de la petite fille.

☐ Elle a téléphoné aux amies et à la grand-mère de la petite fille.

Écris la réponse.

Comment était habillée la petite fille ?

Où habite la grand-mère ?

Mots mêlés. Retrouve et entoure les mots :

inquiétude, disparu, sandales,
habillée, disparition, vieille

a	z	e	v	r	t	y	s	u	i	o	p
q	s	d	i	f	g	h	a	j	k	l	m
w	x	c	e	v	b	n	n	a	z	i	e
r	t	y	i	u	i	o	d	p	q	n	s
d	f	g	l	h	j	k	a	l	m	q	w
x	c	v	l	b	n	a	l	z	e	u	r
t	y	u	e	i	o	p	e	q	s	i	d
f	g	h	j	k	l	m	s	w	x	é	c
v	b	n	a	z	e	r	t	y	u	t	i
h	a	b	i	l	l	é	e	o	p	u	q
s	d	f	g	h	j	k	l	m	w	d	x
c	v	d	i	s	p	a	r	u	b	e	n
a	z	e	r	t	y	u	i	o	p	q	s
d	d	i	s	p	a	r	i	t	i	o	n
f	g	h	j	k	l	m	w	x	c	v	b

À quelle histoire pense John ?

☐ Il pense à l'histoire de Blanche-Neige.

☐ Il pense à l'histoire du Petit Poucet.

☐ Il pense à l'histoire du Petit Chaperon Rouge.

Où décide-t-il d'aller ?

☐ Il décide d'aller voir le chasseur.

☐ Il décide d'aller chez la grand-mère.

☐ Il décide de retourner à son bureau.

Écris la réponse.

Quel est le métier de John Chatterton ?

Qui habite rue Neuve ?

Retrouve les mots et relie-les.

quartier •   • eptis

vieille •   • evlilei

voyage •   • ergou

piste •   • eicnid

square •   • rqeuiatr

indice •   • esrqau

rouge •   • evgoay

Retrouve 5 mots du texte et écris-les.

in	squa	ver	quar	fau	ce
sse	tier	di	tra	ser	re

Où est partie la grand-mère ?

☐ Elle est partie faire des courses.

☐ Elle est partie en voyage.

☐ Elle est partie dans les îles Crocodiles.

Que pense trouver John dans le square ?

☐ Il pense trouver le loup.

☐ Il pense trouver la grand-mère.

☐ Il pense trouver un indice du passage de la petite fille.

Écris la réponse.

À qui John parle-t-il ?

La grand-mère est-elle chez elle ?

Mots croisés.

1. C'est là que John pense trouver un indice.
2. C'est la couleur des cailloux du Petit Poucet.
3. C'est utile quand on a le nez qui coule !
4. C'est le métier de John Chatterton.
5. C'est la couleur des vêtements de la petite fille.
6. Autour de la taille pour tenir le pantalon.
7. Elle a disparu.
8. C'est ce que semait le Petit Poucet dans la forêt.

Relie les deux parties du mot et écris-le.

preu •

  • veux   ⇒ ....

che •

  • freux   ⇒ ....

ha •

  • ve   ⇒ ....

san •

  • bre   ⇒ ....

af •

  • dales   ⇒ ....

som •

  • billée ⇒ ....

Coche les bonnes réponses.

Que voit-on accroché à la voiture ?
☐ On voit un pantalon rouge.
☐ On voit un morceau de tissu rouge.
☐ On voit un morceau de tissu orange.

À qui appartient la voiture noire ?
☐ La voiture appartient à John.
☐ La voiture appartient à la maman de la petite fille.
☐ La voiture appartient au loup.

Écris la réponse.

À qui le loup téléphone-t-il ?

Que prend John ?

Relie les deux parties des phrases.

Le loup retient la petite	attachée avec une corde.
Le loup a une grande	un tableau.
La petite fille est	petite fille et sa mère.
Le loup réclame	fille prisonnière.
Le loup mangera la	par la brique.
Le loup est assommé	collection d'œuvres d'art.

Reconstitue la phrase et écris-la.

La	*loup.*	*prisonnière*
est	*la*	*du*	*fillette*

Mots mêlés. Retrouve et entoure les mots :

addition, soustraction, potion, punition,

attention, collection, invention,

habitation, direction

a	q	h	a	b	i	t	a	t	i	o	n
w	x	s	z	e	d	c	v	f	r	s	t
y	a	d	d	i	t	i	o	n	h	o	g
u	j	k	l	o	i	ç	à	p	l	u	b
p	t	r	e	z	a	i	é	ù	m	s	n
o	y	u	p	i	è	n	o	p	m	t	c
t	f	g	u	h	j	v	g	k	l	r	o
i	d	s	n	q	a	e	z	é	r	a	l
o	m	p	i	o	i	n	u	y	t	c	l
n	l	k	t	j	h	t	g	f	d	t	e
b	v	c	i	x	w	i	q	d	s	i	c
n	h	y	o	u	i	o	p	m	l	o	t
q	s	d	n	f	g	n	h	j	k	n	i
a	d	i	r	e	c	t	i	o	n	e	o
a	t	t	e	n	t	i	o	n	a	z	n

Comment s'appelle le tableau que veut le loup?

☐ Le loup blanc sur fond bleu.

☐ Le fond bleu sur loup blanc.

☐ Le loup bleu sur fond bleu.

Pourquoi le loup veut-il ce tableau?

☐ parce qu'il veut compléter sa collection.

☐ pour l'offrir à la petite fille.

Que collectionne le loup?

☐ des œuvres d'art qui représentent des chats.

☐ des œuvres d'art qui représentent des chiens.

☐ des œuvres d'art qui représentent des loups.

Écris la réponse.

Quel genre d'œuvres collectionne le loup?

Mots croisés.

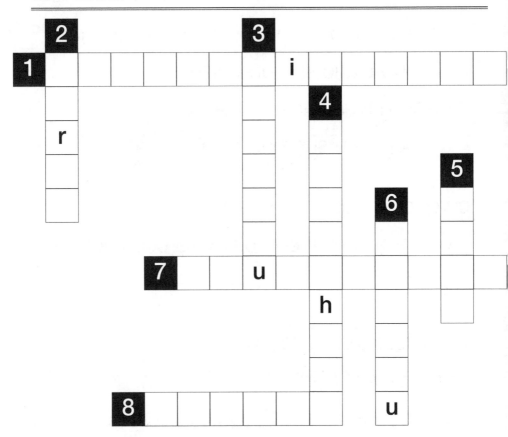

1. Le loup en est un.
2. Le loup a attaché la petite fille avec.
3. C'est ce que demande le loup à la maman de la fillette.
4. C'est l'instrument dont joue le rat Charlie.
5. C'est la couleur du loup sur le tableau.
6. C'est là que retourne John une fois l'enquête terminée.
7. Avec les tableaux dans la collection du loup.
8. C'est ce qu'utilise John pour assommer le loup.

Entoure la bonne réponse.

John Chatterton a réussi son enquête.   **oui**
                                        non

La maman de la fillette a donné beaucoup **oui**
d'argent à John pour le remercier   **non**

John Chatterton a accroché le tableau   **oui**
sur un mur de son bureau.   **non**

John est très content que la dame lui   **oui**
ait donné ce tableau.   **non**

John a donné le tableau à son ami   **oui**
Charlie.   **non**

Charlie, le raton, joue de la guitare   **oui**
dans la rue.   **non**

Charlie, le raton, joue du saxophone   **oui**
dans la rue.   **non**

Feuillette l'album et écris le nom des personnages dans l'ordre de leur apparition dans l'histoire.
Tu peux préciser à quel genre ils appartiennent (humain, animal).

page	nom du personnage	genre

Feuillette l'album et découpe l'histoire en épisodes.
Donne un titre à chacun. Indique les numéros de pages.

page	ce qui se passe ...	titre

Écris le titre des contes qui ont inspiré l'auteur de cette histoire.

LILAS

Le tableau ci-dessous récapitule les éléments importants de la démarche. Il est à utiliser à titre indicatif et chacun doit l'adapter en fonction de l'environnement dans lequel il mettra ce travail en œuvre.

module	nombre de séquences	nombre de fiches proposées	production de texte
1	2	0	oui
2	1	0	oui
3	2	2	non
4	2	2	non
5	2	1	oui
6	2	1	oui
7	1	0	oui
8	1	1	oui
9	1	0	oui
10	2	2	oui
11	2	2	oui
12	2	0	oui

Le nombre de séquences indiqué correspond uniquement au travail de découverte et d'exploration du texte. Il ne concerne donc pas les séances de production de texte ni les séquences d'accompagnement que l'enseignant conduira parallèlement au travail de lecture (écriture par exemple).

MODULE 1 (couverture, pages 1 et 2)

– Dites-moi, Georges, suis-je la plus belle?
– Oui, Madame, vous êtes la plus belle.
– Mon miroir n'est pas de cet avis. Il me dit: «Tu es belle, certes… mais Lilas est bien plus belle que toi!»
Qu'en pensez-vous, Georges?
– Je ne puis me prononcer, Madame.

Objectifs du module

- **Appréhender un nouveau type d'écrit** (album s'approchant de la bande dessinée)
- **Appréhender un nouveau genre littéraire** (policier)
- **Poursuivre l'élaboration de référents culturels**
- **Découvrir un nouveau texte en exerçant ses compétences de lecteur débutant** (reconnaissance des mots, utilisation de la combinatoire) **pour produire du sens**
- **Identifier l'objet et sa fonction:**
  C'est un album qui raconte une histoire.
  Ce n'est ni un journal, ni une revue, ni un livre documentaire…
- **Émettre des hypothèses quant au contenu de l'histoire**
- **Réinvestissement du vocabulaire acquis:**
  – *album, couverture, tranche du livre, nom de l'auteur, éditeur, illustrations…*
- **Relever des indices textuels:**
  Lecture de la couverture: *le nom de l'auteur (origine, prononciation)*; présence de dialogues; nombre de pages…

2 séquences

1re séquence :
- **Annonce du projet** (lecture d'un nouvel album)
- **Balayage de l'objet**
- **Découverte de la couverture** (titre, nom de l'auteur)

2e séquence :
- **Découverte des pages 1 et 2 :**
- – Interroger l'illustration
- – Découverte du texte :
    Individuelle (texte dactylographié comme ci-dessus)
    Échanges et confrontation par groupes
    Mise en commun (collectif)
- – Oralisation du texte (lecture)
- **Comparaison avec le début du conte de Blanche-Neige et hypo-thèses quant aux intentions du personnage.**

Matériel

Un nombre suffisant d'albums afin de permettre une manipulation aisée. L'idéal serait un par enfant.

PRODUCTION DE TEXTE

Les élèves ont découvert l'album (couverture et 2 premières pages) en interrogeant les illustrations et les écrits qui y sont insérés. S'ils ont parcouru la première aventure de John Chatterton, ils savent que ce début d'histoire est celui d'une aventure policière dans laquelle le détective aura à mener une enquête et à déjouer les plans néfastes d'un des personnages.

Le parallèle avec l'histoire de Blanche-Neige est aisé. Ce récit commence quasiment de la même manière que le conte. Le parallèle peut être fait entre cette femme qui interroge son miroir et la marâtre de Blanche-Neige.

OBJECTIFS :
- Entrer dans l'album en définissant les traits caractéristiques du personnage et du genre littéraire auquel appartient l'album.
- Mettre en relation le conte de Blanche-Neige et l'histoire dans laquelle nous pénétrons.
- Exercer ses compétences de lecteur débutant en réinvestissant ses acquis (mots connus + combinatoire + appréhension du système orthographique).

CONSIGNE D'ÉCRITURE :
Faire le portrait de la femme et imaginer ses intentions.

DISPOSITIF PROPOSÉ :
1. Reformulation orale des "trouvailles" et des hypothèses émises lors de la séance de découverte de l'album (Qui est cette femme ? Qui est Lilas ? Quel rôle va jouer Georges dans l'histoire ?) en forçant sur la comparaison avec le conte et les personnages qui apparaissent au début de ce conte.
2. Quelques mots peuvent être écrits au tableau (numérotés pour en faciliter l'accès).
3. Rappel de la possibilité d'utiliser les référents individuels et collectifs.
4. Écriture individuelle.
   L'enseignant est à disposition pour apporter une aide, relancer l'écriture par une socialisation ponctuelle de certains écrits en cours.
5. Socialisation des écrits qui peuvent l'être (lisibilité, état d'avancement).

Les textes seront retranscrits et mis en page. Ils seront placés dans l'album de lecture et feront l'objet d'une séance de lecture oralisée.

MODULE 2

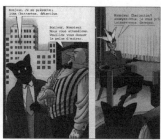

DING! DONG!
– On sonne! Allez ouvrir, Georges.
– Bien, Madame.
– Bonjour. Je me présente: John Chatterton, détective.
– Bonjour, Monsieur. Nous vous attendions. Veuillez vous donner la peine d'entrer.
– Monsieur Chatterton? Asseyez-vous, je vous prie. Laissez-nous, Georges.

OBJECTIFS DU MODULE

- **Appréhender un nouveau type d'écrit** (album s'approchant de la bande dessinée)
- **Appréhender un nouveau genre littéraire** (policier)
- **Poursuivre l'élaboration de référents culturels** (comparaison avec d'autres récits appartenant au même genre littéraire et avec la structure du conte)

NOMBRE ET CONTENU DES SÉQUENCES:
1 séquence

1. Interroger l'illustration
2. Découverte du texte:
– Individuelle (texte dactylographié comme ci-dessus)
– Échanges et confrontation par groupes
– Mise en commun (collectif)
– Oralisation du texte (lecture)

PRODUCTION DE TEXTE

La comparaison avec le conte de Blanche-Neige nous a conduit à envisager le personnage féminin sous un angle négatif. Comme dans le conte, il ne faisait pas de doute que cette femme avait des objectifs «assassins» vis-à-vis de la jeune fille prénommée Lilas. L'entrée en scène de John Chatterton va-t-elle bouleverser ces certitudes? Cette femme serait-elle une victime ou a-t-elle l'intention d'utiliser les talents du détective pour parvenir plus vite à ses fins?

OBJECTIFS :
– Idem module précédent.

CONSIGNE D'ÉCRITURE :
Pourquoi cette femme a-t-elle demandé à John de venir? Quel genre d'enquête va-t-elle lui proposer?

DISPOSITIF PROPOSÉ :
– Idem module précédent.

MODULE 3

La dame: Ma belle-fille a disparu. Ses cheveux sont noirs comme l'ébène, ses lèvres rouges comme le sang, sa peau blanche comme le lilas. Voilà pourquoi on l'appelle Lilas.

John: Auriez-vous une photo d'elle?

La dame: En voici une, ainsi qu'une liste de ses connaissances et des lieux qu'elle fréquente.

John: Elle est belle.

La dame: Retrouvez-la!

John: Dites-moi, Georges, où se trouve le père de la demoiselle?

Georges: Monsieur est en voyage. Voici son portrait.

OBJECTIFS DU MODULE

- **Exercer ses compétences de lecteur débutant en réinvestissant ses acquis** (mots connus, combinatoire, accès au système orthographique)

NOMBRE ET CONTENU DES SÉQUENCES

2 séquences

1. Reformulation du contexte narratif.
2. Découverte des illustrations.
3. Découverte du texte:
- Individuelle (texte dactylographié comme ci-dessus)
- Échanges et confrontation par groupes
- Mise en commun (collectif)
4. Oralisation du texte.
- individuelle
- à plusieurs voix
- jouée
5. Analyse de la structure narrative:
- parallèle entre le conte et le récit:
- Blanche-Neige et Lilas
- lien de parenté entre Blanche-Neige (Lilas) et la femme
- absence du père bienveillant

- parallèle avec la première enquête de John :
  - annonce de la disparition de la jeune fille
  - forme de l'entretien entre le détective et ses clientes

FICHES

voir pages 82 et 83

MODULE 4

– Greg !

– Monsieur Chatterton, je dois vous faire une révélation : Mademoiselle Lilas s'est enfuie !

– Madame ?

– Ce détective est, dit-on, très habile. Suivez-le comme son ombre, Greg…

– La mère de Mademoiselle a disparu dans un naufrage et Monsieur son père s'est remarié avec Madame. Or, Madame déteste sa belle-fille. Lilas est trop belle, Madame en crève de jalousie. Je suis sûr qu'elle vous a chargé de rechercher la petite pour lui faire du mal en l'absence de Monsieur.

– Précieux renseignements que vous me donnez là ! Merci, Georges.

– Dès qu'il aura retrouvé Lilas, vous la tuerez et me rapporterez son cœur dans ce coffret.

OBJECTIFS DU MODULE

- **Exercer ses compétences de lecteur débutant en réinvestissant ses acquis** (mots connus, combinatoire, accès au système orthographique)

NOMBRE ET CONTENU DES SÉQUENCES

2 séquences

1. Reformulation du contexte narratif.
2. Découverte des illustrations.
3. Découverte du texte :
- Individuelle (texte dactylographié comme ci-dessus)
- Échanges et confrontation par groupes
- Mise en commun (collectif)

4. Oralisation du texte :
- individuelle
- à plusieurs voix
- jouée
5. Analyse de la structure narrative :
- parallèle entre le conte et le récit
- révélation des intentions de la belle-mère
- la preuve de la mort (le cœur)

FICHES

voir pages 84 et 85

MODULE 5

Examinons cette liste…
Tiens! tiens! Je constate que tous les amis de Lilas ont leur adresse en ville sauf un : un nommé Luc Leprince.
Mon expérience me l'a prouvé cent fois : il faut toujours aller du côté de l'exception.

OBJECTIFS DU MODULE

- **Exercer ses compétences de lecteur débutant en réinvestissant ses acquis** (mots connus, combinatoire, accès au système orthographique)

NOMBRE ET CONTENU DES SÉQUENCES

2 séquences

1. Reformulation du contexte narratif.
2. Découverte des illustrations.
3. Découverte du texte :
- Individuelle (texte dactylographié comme ci-dessus)
- Échanges et confrontation par groupes
- Mise en commun (collectif)
4. Oralisation du texte :
- individuelle
- à plusieurs voix
- jouée

5. Analyse de la structure narrative :
• parallèle entre le conte et le récit :
– le nom de l'ami de la jeune fille et l'allusion au prince charmant

FICHES
voir page 86

PRODUCTION DE TEXTE

L'enquête commence véritablement. John se fie à son intuition. Pour le lecteur, aucune hésitation, celui qui se nomme Leprince et qui se trouve dans une histoire qui ressemble étrangement au conte de Blanche-Neige sait certainement où se cache Lilas. Peut-être même est-il pour quelque chose dans sa disparition…

OBJECTIFS :
– Idem module précédent.

CONSIGNE D'ÉCRITURE :
Écrire le début de l'enquête de John en s'aidant des illustrations (Où va John ? Sait-il qu'il est suivi ? Pourquoi choisit-il d'aller chez Luc Leprince plutôt que chez un des autres amis de Lilas ?…).

DISPOSITIF PROPOSÉ :
– Idem module précédent.

L'exigence de l'enseignant portera de plus en plus sur la fidélité orthographique des mots copiés dans les supports de référence et la validation de la transcription des graphies connues dans les mots inconnus.
Les niveaux de lecture étant divers, l'enseignant adaptera son aide et ses exigences en fonction des difficultés des élèves dans l'activité de production (longueur des textes, aide à la recherche dans les référents…) et pourra proposer le recours à la dictée à l'adulte afin que l'enfant qui sait ce qu'il veut écrire mais n'en a plus le temps soit en mesure de socialiser un texte provisoirement abouti.

MODULE 6

– Luc Leprince ?
– Oui...
– Connaissez-vous cette jeune fille ?
– Hein ? Je... N-non, jamais vue !
– *Il ment !*
– Cheveux noirs comme l'ébène, lèvres rouges comme le sang, peau blanche
comme le lilas... Ça ne vous dit vraiment rien ?
– Je... Non ! Je ne la connais pas !! Sortez, ou bien...
– Calmez-vous, jeune homme, je pars !

OBJECTIFS DU MODULE

  • **Exercer ses compétences de lecteur débutant en réinvestissant ses acquis** (mots connus, combinatoire, accès au système orthographique)

NOMBRE ET CONTENU DES SÉQUENCES

  2 séquences

  – Idem module précédent.

FICHE

  voir page 87

PRODUCTION DE TEXTE

  Yvan Pommaux fait du sosie du prince charmant de Blanche-Neige un personnage humble, vigoureusement éloigné du milieu social dont est issue Lilas. En quelque sorte le berger épousé par la princesse...

OBJECTIFS :

- Idem module précédent.

CONSIGNE D'ÉCRITURE :

Décrire le personnage Luc Leprince et son attitude face à John Chatterton (Quel métier fait-il ? Pourquoi ment-il au détective ? Pourquoi semble-t-il avoir peur ?…).

DISPOSITIF PROPOSÉ :

- Idem module précédent.

MODULE 7

Cette succession d'images presque cinématographiques offre l'occasion de faire écrire par les élèves le scénario de ce «presque film». L'enseignant conduira une lecture d'images en insistant sur les différents ingrédients de cette suite (nombre de personnages, double filature, moyen de locomotion, ambiance nuit, donc mystère, destination...).

PRODUCTION DE TEXTE

OBJECTIFS:
   – Idem module précédent.

CONSIGNE D'ÉCRITURE:
   Écrire ce qui se passe entre le moment où John quitte Luc Leprince et celui où il arrive sur le seuil de la maison. Imaginer ce que John va faire et trouver dans cette maison, qui Luc Leprince est-il venu retrouver, ce que va faire Greg, le gorille...

DISPOSITIF PROPOSÉ:
   – Idem module précédent.

MODULE 8

– Bonjour Lilas! N'ayez pas peur, je ne vous veux aucun mal!
– Encore vous!!
– Qui est-ce, Luc?
– Je me présente: John Chatterton, détective. On m'a chargé de vous reconduire chez vous, Mademoiselle.
– PAS QUESTION!
– JAMAIS! Plutôt mourir!

OBJECTIFS DU MODULE

• **Exercer ses compétences de lecteur débutant en réinvestissant ses acquis** (mots connus, combinatoire, accès au système orthographique)

NOMBRE ET CONTENU DES SÉQUENCES

1 séquence

– Idem module précédent.

FICHE

voir page 88

PRODUCTION DE TEXTE

Lilas nous apparaît en chair et en os, protégée par son prince charmant décidé à l'éloigner des griffes de la marâtre...

    – Idem module précédent.

CONSIGNE D'ÉCRITURE :
    Qui Luc Leprince est-il venu retrouver? Pourquoi protège-t-il Lilas?
    Quelle relation entretiennent ces deux personnages? Pourquoi Lilas préfè-
    re-t-elle mourir plutôt que de retourner chez elle?

DISPOSITIF PROPOSÉ :
    – Idem module précédent.

MODULE 9

L'intrusion de Greg, le gorille, que l'on avait presque oublié, constitue un rebondissement dans cette histoire où l'on sentait poindre la lueur d'un dénouement heureux.

Le gorille ayant reçu l'ordre de tuer la jeune fille et de ramener son cœur bondit le couteau à la main… Mais… Dans le conte de Blanche-Neige, que se passe-t-il à ce même moment ?

PRODUCTION DE TEXTE

OBJECTIFS :

    – Idem module précédent.

CONSIGNE D'ÉCRITURE :

    Écrire l'intrusion de Greg, le gorille dans la maison de Luc Leprince. Que se passe-t-il ? Que va faire le gorille ?

DISPOSITIF PROPOSÉ :

    – Idem module précédent.

MODULE 10

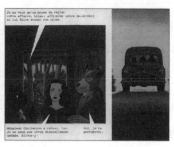

– Je... je ne peux pas! Vous êtes trop belle...

Pardonnez-moi! Je devais rapporter votre cœur dans ce coffret... Que va-t-il advenir de moi? Madame est sans pitié quand on n'exécute pas ses ordres.

– Voici mon cœur, Monsieur! Il est en or. Vendez-le, achetez un billet d'avion et fuyez sans perdre un instant.

– N'intervenez pas, Luc!

– Je ne vois qu'un moyen de régler cette affaire, Lilas: affronter votre belle-mère et lui faire avouer son crime.

– Monsieur Chatterton a raison, Luc. Je ne peux pas vivre éternellement cachée. Allons-y!

– Oui, je te protégerai.

Objectifs du module

- **Exercer ses compétences de lecteur débutant en réinvestissant ses acquis** (mots connus, combinatoire, accès au système orthographique)

Nombre et contenu des séquences

2 séquences

– Idem module précédent.

Fiche

voir pages 89 et 90

PRODUCTION DE TEXTE

La comparaison avec le conte de Blanche-Neige continue. L'homme de main de la marâtre succombe à la beauté de la jeune fille.

John Chatterton affiche clairement son camp: il sauvera la jeune fille et décide de faire avouer son forfait à la belle-mère.

OBJECTIFS:
– Idem module précédent.

CONSIGNE D'ÉCRITURE:
Que se passe-t-il? Pourquoi Greg ne tue-t-il pas Lilas? Que propose Lilas à Greg pour échapper à la colère de la belle-mère? Comment va-t-il s'y prendre pour faire avouer à cette dernière son crime?

DISPOSITIF PROPOSÉ:
– Idem module précédent.

MODULE 11

Pendant ce temps...

– Madame, un télégramme pour vous.

– Ouvrez-le, Georges. Monsieur arrive aujourd'hui. Mais il me répudie. Il me chasse! Il a trouvé une autre femme, plus aimable, paraît-il... Préparez mes bagages.

Vous m'avez toujours détestée, n'est-ce pas, Georges...

– Stop! Regardez: on dirait que ma belle-mère s'en va... Georges!

– Lilas! Quel bonheur! Ah! Mademoiselle, j'ai de grandes, de bonnes nouvelles pour vous: Madame s'en va, Monsieur votre père arrive!

– Papa!

– Mon enfant!

– Lilas...

– Hem! une autre belle-mère...

– Mon vieux Georges!

– Ah! Monsieur!

– Bonjour, jeune homme. Vous êtes Luc, sans doute?

– Je... Oui!

– Ton père m'a tant parlé de toi... J'avais hâte de te rencontrer.

OBJECTIFS DU MODULE

• **Exercer ses compétences de lecteur débutant en réinvestissant ses acquis** (mots connus, combinatoire, accès au système orthographique)

NOMBRE ET CONTENU DES SÉQUENCES

2 séquences

– Idem module précédent.

FICHES

voir pages 91 et 92

MODULE 12

Epilogue

Voilà déjà six mois que j'ai bouclé cette enquête. Comme le temps passe! Parfois, je prends un verre à l'Atomic Bar avec Georges et il me donne des nouvelles : Madame est charmante, Monsieur ne part plus en voyage, Luc et Lilas sont heureux…

En signe de gratitude, le père de Lilas m'a offert cette statuette, ramenée d'un pays lointain. Il en possède encore six, presque identiques à celles-ci. Elles représentent des personnages mêlés à une vieille et célèbre histoire criminelle qui, par certains côtés, ressemble à celle de Lilas.

OBJECTIFS DU MODULE

• **Exercer ses compétences de lecteur débutant en réinvestissant ses acquis** (mots connus, combinatoire, accès au système orthographique).

NOMBRE ET CONTENU DES SÉQUENCES

2 séquences

– Idem module précédent.

PRODUCTION DE TEXTE

L'épilogue (*Ils vécurent heureux…*) continue de nous rappeler le conte. Seuls les 7 nains n'étaient pas apparus. C'est chose faite.

Cette dernière séquence de production est l'occasion de demander aux enfants de lister tous les éléments qui rapprochent cette enquête du conte. Une lecture du conte permettra de vérifier l'hypothèse de John, à savoir s'il peut être qualifié ou non d'histoire criminelle.

Une visite dans d'autres contes donnera l'occasion de repérer les analogies avec le récit policier et de dégager les constantes et les variables de la structure de chacun des genres littéraires.

L'ÉTUDE DES SONS

À titre indicatif, voici quelques-unes des correspondances graphie/phonie qui peuvent être abordées pendant le travail sur cet album.

[ʃ]
Chatterton, cheveux, blanche, chez, achetez…

[sjɔ̃]
révélation, exception.

---

[e]
détective, révélation, chargé…
allez, pensez…
entrer, rechercher…

[ö]
cheveux, lieux, veux, heureux.
cœur.
monsieur.

[ɛ̃]
Hein…
Leprince…
lointain, certains.

[jɛ̃]
bien, tiens.

---

[j]
billet, fille.

[ɛj]
vieille.

---

[f]
fille, faire, enfuie, fuyez, femme…
photo.

Les sons [ɛ] (ai, ê, è, ei), [ã] (an, am, en, em), [ɔ] (o, au, eau) pourront également faire l'objet d'étude s'ils n'ont pas été abordés auparavant.

FICHES PHOTOCOPIABLES

Les fiches proposées sont utilisables telles quelles, partiellement ou dans leur intégralité. Elles sont données à titre incitatif et peuvent être remplacées par d'autres. Beaucoup de publications offrent des batteries d'exercices et l'enseignant peut bien sûr inventer ses propres exercices.

Module 1	pas de fiche proposée
Module 2	pas de fiche proposée
Module 3	pages 82 et 83
Module 4	pages 84 et 85
Module 5	page 86
Module 6	page 87
Module 7	pas de fiche proposée
Module 8	page 88
Module 9	pas de fiche proposée
Module 10	pages 89 et 90
Module 11	pages 91 et 92
Module 12	pages 93 et 94

Mots mêlés. Retrouve et entoure les mots :

blanche, demoiselle, voyage,
miroir, photo, lèvres,
sang, pourquoi, disparu, peau

a	z	e	r	t	y	u	o	p	é	d	q
b	l	a	n	c	h	e	n	b	v	e	w
x	q	s	d	f	g	h	j	k	l	m	s
y	o	i	u	y	t	r	e	z	a	o	z
u	v	p	l	è	v	r	e	s	ê	i	e
è	o	j	k	i	l	m	p	o	i	s	d
j	y	r	t	g	b	n	h	y	u	e	c
k	a	s	v	f	p	e	a	u	c	l	v
i	g	a	w	x	s	z	e	é	d	l	f
ç	e	n	p	m	à	ç	è	a	q	e	r
à	o	g	m	i	r	o	i	r	k	j	t
o	d	e	r	f	v	b	g	t	y	u	g
l	é	a	q	w	x	c	p	h	o	t	o
p	o	u	r	q	u	o	i	a	q	w	n
m	ù	n	b	d	i	s	p	a	r	u	h

Qui a disparu?

☐ La petite fille de la dame a disparu.

☐ La belle-fille de la dame a disparu.

☐ Blanche-Neige a disparu.

Qui est plus belle que la dame?

☐ Blanche-Neige est plus belle que la dame.

☐ Cendrillon est plus belle que la dame.

☐ Lilas est plus belle que la dame.

Qui sonne à la porte?

☐ La belle-fille de la dame sonne à la porte.

☐ Georges sonne à la porte.

☐ Le détective sonne à la porte.

Écris la réponse.

Qui dit à la dame qu'elle n'est pas la plus belle?

Mots croisés

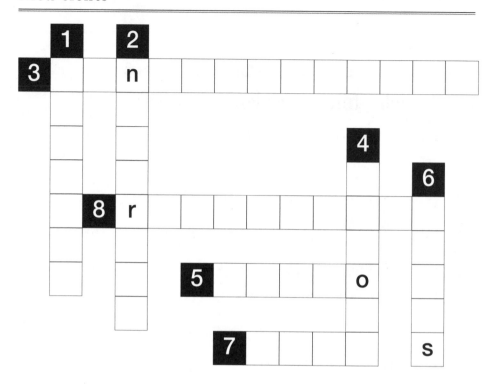

1. C'est l'objet dans lequel Greg doit rapporter le cœur de Lilas.
2. La mère de Lilas y est morte.
3. La dame en donne une liste à John.
4. C'est lui qui dit à la dame qu'elle n'est pas la plus belle.
5. En la regardant, John trouve Lilas très belle.
6. Ses cheveux le sont… comme l'ébène.
7. C'est ce que Greg doit rapporter dans le coffret.
8. Georges en fait une intéressante à John.

Comment est morte la mère de Lilas?

☐ Elle est morte dans un accident de voiture.

☐ Elle est morte dans un naufrage.

☐ Elle est morte dans un accident d'avion.

Que doit rapporter Greg?

☐ Il doit rapporter le cœur d'une biche.

☐ Il doit rapporter des bijoux dans un coffret.

☐ Il doit rapporter le cœur de la jeune fille.

Écris la réponse.

Pourquoi la dame déteste-t-elle Lilas?

Qui doit suivre John comme son ombre?

Retrouve les mots et relie-les.

miroir •   • tceroff

coffret •   • aedsrse

ombre •   • neaguafr

adresse •   • eltis

liste •   • mriior

naufrage •   • optho

photo •   • eormb

Retrouve 5 mots du texte et écris-les.

nau	mir	ru	pa	ge	vres
lè	om	fra	oir	dis	bre

Relie les deux parties des phrases.

La mère de Lilas est	de Luc Leprince.
Le père de Lilas est	est moins belle que Lilas.
John cherche l'adresse	comme son ombre.
Le miroir dit que la dame	morte dans un naufrage.
Greg doit suivre John	révélation au détective.
Georges fait une	parti en voyage.

Reconstitue la phrase et écris-la.

La	beauté	jalouse	est
de la	Lilas.	belle-mère	de

Coche la bonne réponse.

Où est cachée Lilas?

☐ Elle est cachée chez le détective.

☐ Elle est cachée chez le prince charmant.

☐ Elle est cachée chez son ami Luc Leprince.

Que dit John à Lilas?

☐ Il lui dit de rester cachée.

☐ Il lui dit qu'il doit la ramener chez elle.

☐ Il lui dit qu'il doit la ramener chez lui.

Écris la réponse.

À quelle autre jeune fille nous fait penser Lilas?

_____

À quel personnage nous fait penser Luc?

_____

Relie les deux parties du mot et écris-le.

cof •

        • let   ⟹ ....

cri •

        • faire   ⟹ ....

bil •

        • fret   ⟹ ....

ins •

        • dres   ⟹ ....

af •

        • me   ⟹ ....

or •

        • tant   ⟹ ....

Pourquoi Greg ne tue-t-il pas Lilas?

☐ parce qu'il a perdu son couteau.

☐ parce qu'il ne la trouve pas.

☐ parce qu'il la trouve très belle.

Que dit Lilas à John?

☐ Elle lui dit d'aller voir sa belle-mère avec le cœur en or.

☐ Elle lui dit de vendre le cœur en or et de s'enfuir.

☐ Elle lui dit qu'elle veut partir avec lui.

Écris la réponse.

Que va faire Greg avec le cœur en or?

À quel autre personnage nous fait penser Greg?

Mots croisés.

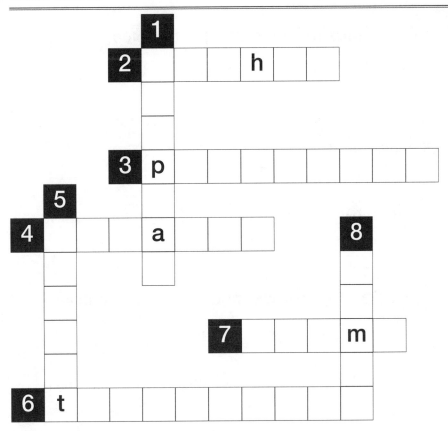

1. Le père de Lilas en a un beau sur la tête.
2. Lilas ne veut plus vivre…
3. Georges en a un beau sur la joue.
4. La belle-mère demande à Georges de les préparer.
5. Greg en achètera un après avoir vendu le cœur en or.
6. Georges l'ouvre et le lit à la belle-mère.
7. John veut le faire avouer à la belle-mère.
8. Le père de Lilas en a trouvé une autre…

Entoure la bonne réponse.

L'histoire de Lilas ne se termine pas très bien.

Vrai   Faux

La femme que le père de Lilas a trouvée est plus aimable que la belle-mère.

Vrai   Faux

Georges a un pansement parce qu'il est tombé dans l'escalier.

Vrai   Faux

Georges prépare ses bagages pour partir en vacances.

Vrai   Faux

Le père de Lilas est revenu de voyage avec une nouvelle femme.

Vrai   Faux

La méchante belle-mère s'en va parce qu'elle a été chassée.

Vrai   Faux

La belle-mère a reçu un coup de téléphone de son mari.

Vrai   Faux

Depuis combien de temps John a-t-il bouclé son enquête?

☐ 6 ans.

☐ 6 jours.

☐ 6 mois.

Quel est le nom du bar où John retrouve Georges?

☐ l'Atomic Club.

☐ l'Automatic Bar.

☐ l'Atomic Bar.

Écris la réponse.

Quel objet le père de Lilas a-t-il offert à John?

Quel est le nom du conte dont parle John?

Feuillette l'album et écris le nom des personnages dans l'ordre de leur apparition dans l'histoire.
Tu peux préciser à quel genre ils appartiennent (humain, animal).

page	nom du personnage	genre